Pinacoteca en Rima

Pinacoteca en Rima

zerreit

Para realizar pedidos de este libro, contacte con:
Palibrio
1663 Liberty Drive, Suite 200
Bloomington, IN 47403
Gratis desde EE. UU. al 877.407.5847
Gratis desde México al 01.800.288.2243
Gratis desde España al 900.866.949
Desde otro país al +1.812.671.9757
Fax: 01.812.355.1576
ventas@palibrio.com
650495

ÍNDICE

Avant Propos

No se como serás tú
Ni se como te apetezca
Si prefieres ver primero
Y sentir con el color.

O te gusta acompañarlo
De palabras y de logos
Semiótica con lenguaje
Y palabra con color

Este dúo rima-color
Bricolage que se dió
Dialogo de viejos artes
Rima-Pintura y matices
Espectros de la emoción

Un bricolage como este
de rimas con pinceladas
Acrílicos y acuarelas
arrejuntados con verso
Y hasta con computación.
Es un dialogo de artistas
del *Numeric Art* francés

En este caso zerreit
Solo quiso despertar
Algo que tú, ya traes dentro
Tu sentir por la pintura
Tu gusto por la poesía
Ahí lo dejo a tu elección

Vassili Kandinsky

Cuando él pintaba un cuadro
Al empezar una idea
Como un barco que partiera
Que partiera de algún muelle

Solo que al desarrollar
Y dar alma a su pintura
El barco ya no se ve
Ni se divisa aquel muelle.

Vamos se perdió la idea
Ya ni siquiera sabemos
Si algo partió o no partió.

Pero algo quedó en su lienzo
Con colores de otra forma
Hace poesía con la idea

Te conminó con la forma
A que encontraras tú mismo
Algo que andabas buscando
Y ni siquiera sabías.

Ponme un cuadro de Kandinsky

Pero ponlo en un soneto
Míralo, siéntelo, ve su ritmo
Te remonta al infinito.
Cuando aprendas a apreciarlo.

Verás que te hace vibrar
Tócalo con tu sentir
Te precisa y te fascina.
Ni te acongojas ni sabes.

Que cosa pintó Kandinsky
Vamos ni siquiera sabes
Qué quiso hacerte, pensar.

Solo quiso que des forma
Siguiendo tus sentimientos
A tu propio sentir hoy.

¡Ese es el sentir de tu alma!

Copia a la Acuarela del cuadro "Con and contra" de Kandinsky, pintado por
Susana Lezama (16.3 X 24 cms.) 2014.
Fotografía © AnFraMo.

Copia a la Acuarela del cuadro "Armonía Tranquila" de Kandinsky (1924), pintado por Susana Lezama (16.3 X 24 cms.) 2014.
Fotografía © AnFraMo.

Resonancia

Si a Kandinsky tu leyeras...
Si, a Kandinsky el gran pintor,
del que admiras sus pinturas.
No me lo vas a creer.

En su *"Nave de los locos[1]"*
"De lo espiritual del arte"
ve sonido en el color,
ve sonido hasta en la forma.

Y hasta en la composición.
Ve sonido en sus pinturas
y hasta habla de resonancia
Para enseñarte a sentir.

Es el efecto que él busca
De que tu, cuando lo veas
Te estremezcan los sonidos
Que pintó con su pincel.

La pintura de Kandinsky
Sólo hace que tú te asomes
A un mundo que no conoces
Y ni te había interesado.

---

[1] *Über das Geistige der Kunst"* (1921) Wassily Kandinsky "De lo espiritual del arte: La nave de los locos".

Copia a la Acuarela del cuadro *"Merry Structure"* de Kandinsky (1926), pintada por Susana Lezama, 2014.
Fotografía © AnFraMo.

Sólo que ese mundo raro
Del que hasta hoy desconocías
Es el mundo que traes dentro.
Y aunque no quieras, se asoma.

Ese mundo de sonidos
que despiertan sus pinturas
es el sonido de tu alma
que no sienten tus sentidos

y el efecto, que él buscaba
que él llamó su resonancia
es un chocar de sonidos
que de ti quieren salir.

Con violetas saca euforias
con azul tranquilidades
con el verde lasitud.
El amarillo son fuegos
Que no alcanzaste a encender.

El rojo es lo que te quema
Que no puedes dejar dentro
Y con los vórtices juega
Como si fuera psiquiatra
A purgar tu sentimiento.

Si tú tomas mi consejo
Solo déjate llevar
No trates de pensar algo
Ni trates de meditar

Sólo pon tu mente en blanco
Mientras ves una pintura.
Solo busca en ti un silencio
Y aprenderás a escuchar.

Aprende a sentir tu alma
Que tiene su resonar.

Lo profunda resonancia
Del profundo de tu ser!

Copia a la Acuarela del cuadro "Homenaje a Grohmann" de Kandinsky (1926), pintado por Susana Lezama (16.3 X 24 cms.) 2014.
Fotografía © AnFraMo.

¿...?

Las tres rimas que siguen
Son la pregunta vacía
Solo quieren que razones
Y pienses sobre la forma.

Es resultado del orden
Ese fue el dedo de Dios
Que sacó al Cosmos del Caos
Y el Universo nació
Nació cuando tuvo forma.

Y cuando: la Forma Informa
Eso originó la vida
Puede parecerte ocioso
Pero fíjate que no

La forma es lo que motiva
Motivo al sapiente homo
Cuando aprendió a ver la forma
Entonces buscó la acción
Solo así aprendió a hacer ciencia
La acción antes de la forma

Y ya en sus cuadros Kandinsky
no fue un ateo de la Forma
sólo quiso que aprendieras
que aprendieras a buscarla

En más de uno de sus cuadros
Verás la interrogación.

Copia a la Acuarela de un cuadro de Kandinsky, Pintada por Susana Lezama
(16.3 X 24 cms.) 2014.
Fotografía © AnFraMo.

Orden de Antes y Después

Un antes y un después siempre
definen a espacio y tiempo[2]
Al movimiento en potencia
y así a la disposición.

Hasta en el conocimiento
Una cosa es después de otra[3]
Primero es la sensación
Y después viene el concepto[4]

Que tú me preguntarás:
¿Qué cosa llega primero?
Causa sin efecto existe
Efecto sin causa nunca[5]

Lo dijo San Agustín
Tu nunca podrás mostrar
Algo que no tenga causa.

**Que, nada, nada sucede
Si no hay un orden de causa**[6]

---

[2]   Aristóteles (Met.,V,11,1018b 9).

[3]   Abbagnano N. 1961 Diccionario de Filosofía pp 878-9. FCE. México.

[4]   Kant (Crit. R. Pura, Anal. De los Princ..,cap. II, sec. 3, Analogías de la experiencia)

[5]   Spinoza (*Eth.*, II, 7 scol.)

[6]   San Agustín (*De Ord.*,1,4,11)

¿Qué es la forma?

Un químico muy curioso, y metido a su materia
Me preguntó: dime tú, ¿díme tu, lo que es la forma?
Dilo en corto, me pidió. Y que lo dijera en verso
Para ti que tú la mueves, y que trabajas con ella

Es ese algo que ahí está, que está en toda la materia
Que esta cosa, es esencial, que no puede ser sin ella
"No solo no se le opone. Sino que hasta la reclama"
Lo dijo el estagirita
Da ocasión da para que tu. Tú le estudies su estructura.

Pero ahí esta el embrollo, otros piensan diferente
Otros para quienes no, la forma ya no es materia
Para estos la forma es, lo que tienen los conjuntos
Es relación que es abstracta, es una constante de orden.

Es relación de conjunto: de si A entonces B
Es condicional que así se cumple.
Que se cumple en tiempo y forma
Sin importarnos siquiera, siquiera qué cosa es A
Ni que cosa es B, tampoco.

Por eso ya Bertrand Russell, de las matemáticas decía
que son aquello curioso, tan peculiar de lo que:

"Hablamos sin saber de lo que hablamos,
Y ni siquiera sabemos si lo que dijimos es cierto".
Es la lógica formal,
El empirismo lógico del Círculo de Viena.
Y por si eso fuera poco, poco de complicación
También tiene otro sentido. Si ahora vas con los juristas
La forma es cuestión de regla. Ya lo dijo Justiniano
La forma es procedimiento. Perdóname mi pleonasmo
Que para los que litigan. Y que te la hacen de tos
Para ellos, pa' que lo sepas ¡La forma es cuestión de forma!

Que ¿qué es la Información?

Que, ¿que es la información? Me preguntaste
Crees que podrías decirlo, pero en corto
Razonémoslo, intenta un par de tesis
Que sean complementarias una de otra

De su raíz latina se desprende
Que es la causa y efecto de la forma
¿No te parece que la define un par de signos?
Que como el Yin y el Yan, no pueden separarse

No es una operación, es una síntesis de signos
Mayeútica, que integra en sus entrañas un producto
De signos que algo encierran y definen
Que tienes que llenar
Pero que no se queda abierta

Es la síntesis de un molde, que algo encierra
Y lo encerrado remodela, el mismo molde
Como si el molde adquiriera una conciencia
Que comparten el molde y el moldeado
Son la causa y efecto uno del otro
Causa y efecto al que llamamos forma

Que se vuelve conciencia del que informa
Que no existe conciencia, si no es conciencia de algo

Si lo razonas no es un signo, un signo no podría ser suficiente
Para expresarla se requiere un par de signos
Uno abre la pregunta, y el otro no solo la cierra, ¡la acentúa!
Hasta las tildes dependen de estos signos
La información eso es, ¡contesta una pregunta!

Copia al pastel (gis sobre cartulina) del Lyrics (Reiter Lyrishes) de Kandinsky (1911) óleo sobre tela. (94X130 cms.) Actualmente en el *Museum Beijmans van Benmigen* de Rótterdam en Holanda. Bricolaje de Fotografía-computo y *Numeric Art*, conversión de campo de pixeles a algoritmo vectorial y multiplicación por ecuación de números complejos. Impresión en papel y pastel a gis pintado por Juan Pablo Quiroz Galán (56 X 42 cms.). Fotografía © AnFraMo.

El Caballo de Kandinsky

El caballo de Kandinsky
Ten cuidado de montar
Ese corcel se ve simple
Pero no confíes en eso.
A ese nadie lo detiene.

Tu puedes ver que sus remos[7]
No cupieron en el cuadro
Se fueron hacia delante
No puedes ver hasta donde
Van a pisar el futuro.

Y si te fijas la grupa
Que podría ser tu pasado
Tampoco cupo en el cuadro
La dejo por allá atrás
Como queriendo indicarte

Deja el pasado ya, ¡olvida!
¡Solo tienes el presente!
Aunque nunca estés seguro
De adonde te llevará.

El caballo es tu futuro
Si lo puedes controlar
Pon bridas en tu destino
Y lo podrás arrendar

Es cabalgar a tus sueños
Jinetear tus fantasías
Tus ambiciones y anhelos
Puede cumplir tus deseos.

---

[7]   Tanto en equitación como en Medicina Veterinaria se acostumbra designar como remos, las extremidades de los caballos.

Su galope te remonta
Te trepa hasta el infinito
Es ambición desmedida
De hacerte alcanzar tu sueño

Pero pon mucho cuidado
Aunque su trote sea manso
Si ese caballo te bota
Te va a doler el porrazo

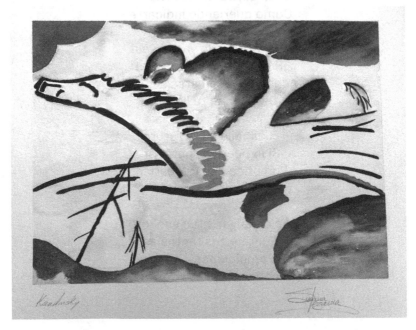

Kandinsky

Jugando con Kandinsky

Como podrás apreciar
Jugar a ver a Kandinsky
Es un juego divertido
Es tratarte de encontrar

Que lo duro de la vida
sus crueldades, sus instintos
no podemos aceptarlos
rechazamos lo animal

Por más que ahí lo tenemos.
Ese otro mundo, que es nuestro
de mala gana aceptamos.

No será que algunas veces
Solo quieres asomarte
¿y ves tu vida al revés?

Y lo que más te lastima
Eso no se puede ver
Nos engañamos solitos.

Al Derecho y al Revés

Este cuadro Kandinsky
Lo puedes ver de dos formas
Al derecho y al revés

Si lo miras de esta forma
casi, casi ves un gato
un gato con sus bigotes
su cerebro se proyecta
como ha proyectado el tuyo
se escapa con esos verdes
y se va hasta la libertad

Y si ves su pensamiento
Ese que se ve a la izquierda
a la izquierda si te fijas
Parece ser un violín

Y lo que parece ser
Ser onda de melodía
Es la música del gato

De ese gato que: ¡eres tú!

Copia a la Acuarela (invertida) del cuadro "Amarillo-Rojo-Azul" de Kandinsky
(1929) pintada por Susana Lezama (16.3 X 24 cms.) 2014.
Fotografía © AnFraMo.

Copia a la Acuarela del cuadro "Amarillo-Rojo-Azul" de Kandinsky (1929)
pintada por Susana Lezama (16.3 X 24 cms.) 2014.
Fotografía © AnFraMo

Ora que si tu lo vez
Como está allá en el museo
Ahora veras una cara
Solo que con líneas rectas
De la dureza que tienes
O que quisieras tener

En esas tres paralelas
Proyectan su pensamiento
Los más formales de todos
Tus sueños se van al sol
Llegan hasta la galaxia

Pero si te fijas bien
Ese círculo azuloso
Si lo ves con paranoia
pensarás que es hoyo negro
La línea negra es camino
Que no puedes encontrar

Geometría del Sentimiento

Desvaneciste las formas
Las convertiste en manchones
Con manchones y colores
Con matices y contrastes
Con el color hacías formas.

Pero esas formas que hiciste
No quedaban en el lienzo.
Escapaban de su encierro
Te llegaban al cerebro.

Te ponían a razonar
No solo te daban gusto
Algo encontraban en ti
El tú mismo. De tí mismo
Servían para meditar.

Más no contento con eso,
Con dejar la forma a un lado,
Sin perder el sentimiento
Pasaste a la geometría
Geometría del sentimiento.

Con contornos y recintos
De curvas con ecuaciones
De ángulos del sentimiento
Lograste llevar más lejos
Al más puro abstraccionismo.

Lograste cambiar la idea
Noción del espacio tiempo
No del espacio exterior,
del recinto que traes dentro.

Kandinsky   Mónica Collazo

Upward (en alemán Empor), Vassily Kandinsky 1929. Óleo sobre papel, (70 × 49 cm). Original propiedad de la *Solomon R. Guggenheim Foundation*, Expuesto en la *Peggy Guggenheim Collection*, de Venecia. Copia al pastel, gis sobre cartulina pintada por Mónica Collazo (56 X 42 cms.). Copista Mexicana. Fotografía © AnFraMo.

Que hace proyectarse al Homo
Sentirse un Hijo de Dios

En ese cuadro del Upward
Tú no escogiste la forma,
La forma te escogió a ti[8]
Tú sabías que en tu interior
Esas formas palpitaban.

Si lo miras sin fijarte
Solo parecen dos ruedas
Círculos con algo ahí
¿Números de Fibonacci?
O es el número de Phidias.
Piensas que es fácil copiarlo
Solo requieres compás.

Pero si te fijas bien
el circulo de la izquierda,
que te queda a tu derecha
es un circulo alargado
hipérbola que se alarga
que ambiciona más espacio.

Como ocupando un espacio
que se eleva entre los verdes
del verde azul esmeralda
verde que es un mar de ensueños
El tono del matiz, de tu esperanza

---

[8] En 1929 el año en el que Vassili Kandinsky pinto su Upward (en alemán Empor) escribió refiriéndose a la forma, *"I do not choose form consciously; it chooses itself within me."*[1]

Copiando el Empor

Si ahora, lo quisieras copiar
Ya no te sirve el compás
Requieres de una ecuación.
Que nadie la había buscado.

No se si es mi esquizofrenia
No es solo ver su belleza
Su profundo sentimiento.
La fuerza de su expresión

La pintura de Kandinsky
Es más que un abstraccionismo
Está llena de mensajes.

Unos ya los traías dentro
Otros los dejó el pintor
Sólo tendrás que encontrarlos.

Cara de Juno en el Upward

Cuídate del Upward de Kandinsky
No lo veas con cuidado ¡Es pegajoso!
En su simpleza está la trampa
Que el pintor ahí, te puso
Te conmina a cavilar
A recogerte a meditar
A en_tí_mismarte.

A ver que toda realidad
En mar de circunstancia se proyecta

Dos círculos opuestos Este y Oeste
Puedes sentirlos pasados y futuros
Unidos por un centímetro
Que en ellos se confunde y contamina
Con pequeñas manchas
que tu presente estrecho.
pudiera parecerte.

Algo que parece nariz
Pretende humanizarlo
conectado apenas en un punto
pared de ingenio humano
Parece sostenerle.

Si quieres imaginar
Esos dos círculos que casi no lo son
Te hacen pensar en Juno
En augurios de año nuevo
En aguinaldo de juguetería[9]

---

[9]   Como diría del tren que va por la vía López Velarde en su poema "Suave Patria".

Que eres tú, en medio de tu circunstancia
Suspendido en un universo
del mar verde esmeralda de tus sueños.
Preso de tu pasado, pero abierto al tiempo

En esas dos porciones circulares
Que caras viendo a diferentes frentes parecieran
Aunque una sola nariz mira de frente
se del principio de año
Ese del de un par de caras
Una mira pá adelante
Y la otra mira para atrás.

Lo único circular es el pequeño ojo azul
Que estando en el pasado,
parece que mirara para enfrente
si te le quedas viendo casi te hipnotiza

Y una delgada línea horizontal
que con otra mas corta y paralela
bajo del triangulo que nariz asemejaran
un par de mudos labios en silencio.

Tal ves por eso ves lo estrecho del presente
El pasado pasó, aunque alargarse intente
Aunque tu no lo veas, el futuro ahí está
Los círculos penetran el espacio de tu mente

¡¡¡¡ EMPOR !!!!

Si de algo es el mensaje es de energía
De tensión, de fuerza, de poder, de empuje
De tenacidad, de terquedad, de persistencia
De intención, de deseo de ir arriba y adelante.

El upward con que nominaste tu obra fue incompleto
En ese truco está uno de tus mensajes
El upward es sólo una de las dos caras
La otra cara es el onward, lo sabías.

Como el yin y el yan el upward sin en onward
No hacen cuerpo, uno requiere al otro
En la lengua de Shakespeare estos adverbios
Hablan de mejorar, de sublevarse.
En el habla teutona son más fuertes
En esa lengua son un imperativo.
Esa pareja de adverbios se potencian
quieren decir: **Ve arriba y adelante**
Levanta la energía que hay en tu espacio
Pon balance en lo contrario de tu circunstancia

Si tu destino amenaza con perder balance
Pon presto, esa tu decisión a flote
saca tu terquedad, saca tu persistencia
Eso quiso decirte de forma imperativa
Kandinsky en sus dos letras E
¿no lo habías visto?.
Una en la esquina izquierda de su lienzo
Y la otra en la base del ingenio
Esa de la que se sustenta todo el cuadro
Su EMPOR que en alemán denota impulso[10].
En su cuadro........: Te lo pintó, ¡pero en admiraciones!

---

[10]   Kandinsky V. (1982): Complete Writings on Art. In: (Ed). Lindsay K.C. &
Vergo P., Boston, vol. 2.

¿Episteme de la Forma?

No es fácil discernir, si nominarte
Filósofo de formas abstractas que dejaste
Psicólogo de la intuición que hay en la forma
Intuicionista que simplemente pinta lo que siente.
O lúdico histrión de tus espectadores

Si encontraste intuición ahí en la forma
o la forma te trajo intuición nueva
No es fácil, ni sencillo comprenderte.
Sería como entender al huevo y la gallina.

Ni tu pintura es para cualquier mente.
Ni a cual de tus mensajes hay que atender primero.
No es fácil, no es sencillo verte.

Más bien diría que fuiste Epistemólogo
Que hiciste experimentos
de los que no esperaste resultados
Esos: Nos los dejaste de tarea.

Más de un mensaje dejaste en cada obra
Calificar al Upward por ejemplo
Sería motivo de una competencia

Puedes verlo con ojos de matemático,
de filósofo, de amante del color y de la forma.
Te saca el niño artista que todos tenemos.
Te saca el Windows de colores que llevamos dentro

Mi Marciano[11]

Trini es el nombre del marciano,
el segundo es Soledad y
el primero ¡ese soy yo!.

No se si a ti te ha pasado
discutir con tu otro yo,
como a menudo me pasa
y unas veces hasta pierdo.
¡Pero como me divierto!

Y como si fuera poco,
poco ya de esquizofrenia
por las mañanas temprano,
me visita mi marciano.

Que no solo es mi conciencia.
él ve cosas que no he visto
y al punto me las recuerda.
cosas que no había pensado
y que él si, ya analizó.

Que relajo de ser tres
ya bastante era el problema
ya me habían puesto de apodo
el que estereofónico es:
que si habla con la mitad
del cerebro, lo entendemos.
Pero hay si utiliza dos,
entónces, no lo entendemos.
¿Será genio, o esta loco?
Mis amigos preguntaban.

---

[11] Esta rima ya la tenía antes de conocer el Upward de Kandinsky, pero al conocerlo me la recordó.

Ora que al final de todo
los tres locos nos amamos
discutimos y peleamos.
Y solos nos divertimos:
Para nosotros el mundo
siempre tiene solución.

Si a uno le falta un tornillo.
El otro se lo presta, presto.
Si al otro algo se le olvida,
El tercero le recuerda.

EL toma en serio la vida,
El otro la hace poesía.
Y el tercero que te crees:
Ve la vida con humor.
Y la vuelve carcajada!

COLORES

Me gustan los colores
Colores de arco iris
Colores brillantes
Como el de las flores.

Colores con alegría
Colores con armonía
Colores con sinfonía

Que alegran el corazón.
Azules, como los ojos de mi Padre
Azules de ternura, de paz y amor
Rojos de ardiente pasión
Blancos de nubes de algodón.

Amarillo como rayos de sol
Verdes de vida
Morados de ilusión
Negros de tierra viva.

Gama de colores
Que faltan mencionar
Colores, colores, colores
Que siempre me harán vibrar.

Moony
Mayo 03, 2014

Soneto a Pablo Picasso

No se puede expresar con ningún verbo.
Que artífice de la polémica, lo fuiste Por supuesto.
Tu no naciste para pasar inadvertido
En todo camino que tú hollaste quedó huella.

Que muchos perros ladraron a tu paso,
denotación era de que tú, te movías
no sólo por la rapidez de tu pisada
abriste paso, al paso que no se atrevía

Tu viniste al mundo a enseñarnos un camino
Del hombre que reclama sin disparar un tiro.
Viviste reclamando la injusticia.

Picasso, no tengo como retratarte en un soneto
Tu obra perecerá. Ahí esta viva
Y el soneto murió con este verso.

Azul del Frío en la Tristeza de Picasso

Tu circunstancia, se pintó de azul,
Tristeza del amigo muerto matizó tu vida.
La injusticia pintaste en viejos y mendigos
color del mar, del cielo, de ojera de mujer
color también de la tristeza humana.

Pero déjame decirte yo a ti, Pablo Picasso
Supiste ver la diferencia en los azules
Que tienen lo más bello de la vida
Y esconden con dulzor lo más sombrío.

La austeridad de tu paleta limitaste
al más triste de los azules, al más frío.
a la desgracia humana pintaste tú de azul.
Más no fue de cualquier azul, fue de azul frío
de ese color que sabe a muerte y a mendigo.

Más, algo nuevo añadiste a los azules
En tu La Vie lograste hacernos ver como es la vida
Para sentir ese sentir de tus azules, había que estar desnudo
Para sentir el erotismo desnudo de la vida.

Desnudo de ambición, de posesión y de lujuria
Desnudo de toda posesión, pero lleno de vida.
Que *"la fuente del arte era el dolor"*. Tú lo dijiste.
Que: *"el dolor es desnudo de la vida"*.

"GUERNICA" GERNIKARA

Cualquier discurso sobre ti Pablo Picasso
Sería incompleto sin mencionar tu dolor en el Guernica
Tu tristeza, tu cólera de ver en la Naturaleza Humana
Algo más del Caín del verso de Unamuno.

Tu pincel se quedó mudo de colores
Esa desesperanza de mujeres y bestias
Esa su situación de lesa humanidad y de injusticia
No podía tener otro, que el color del luto.

Tu gris monocromía no solo es, luctuoso drama
Tu pincel caracterizó la bota del Caín-facismo
Tu pintura presagió la cara del que ataca
Con esa cobardía de negarse a ver al enemigo.

Ese, ¡él cobarde que nunca apareció en tu cuadro!

Tus grises son el grito de ese niño muerto
Que tú pintaste con ojos sin color y
sin pupilas.
Con una madre que antes de morir
Muere la doble muerte, de ver a su
hijo muerto.

Una piedad más triste, que la
esculpiera Miguel Ángel
La madre que aún lo abraza, y clama
al cielo
Ya no puede llorar tiene los ojos secos
En su desesperanza, ya no encuentra
ni al cielo.

Parece que sólo la escuchó la noble
bestia.
Ese toro de cuerpo oscuro y de
cabeza blanca
Que aturdido voltea sin entender que
es lo que ocurre.
Sin entender que monstruo de averno es el humano.

A la derecha una mujer aullando entre las llamas
Reclusa del incendio alza los brazos hacia una ventana
Su imagen de terror, de extrema angustia de desesperanza
Es la de tantos otros, de tantos otros que ahí,.. murieron
en un océano de dolor, de muerte, de injusticia
y de insensibilidad ante el dolor humano.

El cuerpo del caballo pintaste
con el papel de un diario
Involucrando el silencio de los
que sin informar reportan
Ese animal despanzurrado emite su último relincho.
Igual que el toro no comprende, ni entiende
al monstruoso animal que ni
siquiera llega a bestia.

Una modesta flor también hay en tu cuadro
un símbolo de vida, que a riesgo de ser aplastada
en el mortal desorden que todo lo envuelve, permanece
Y la paloma de la paz con un ala quebrada y el pico roto

Esa paloma de la paz, que perdió
la paz. Allá en Guernica.

Guernica es la expresión universal e intemporal
del horror, del terror a la realidad de guerra.
Denunciando de tal manera la crueldad humana.
Que vivirá como reclamo a ella, dando esperanza
A una Nueva Era de la Esperanza Humana.

Poesía Azul de Picasso

Carta tardía **desde el Otomí Tepetl**
Para quien me enseño a ver los árboles
Jerónimo Quiroz Hernández: In Memoria

En su viejo de la guitarra
Picasso hizo más que poesía.
hizo visión que habla de lo esencial
forma que rima con la melancolía.

Color que se alza con la realidad
nostalgia con visos de recuerdo
que el azul requiere.
De realidad que la ilusión añora
poniéndole el color de la nostalgia.

En el guitarrista olvidaste el cubismo
El viejo no cabía en tus espacios rectos
ni con tus músicos, ni tus meninas iba
ángulos con ellos tampoco compartía.
Él no geometrizó con tu melancolía.

Me recuerda Picasso, el aire del viejo
al canto que en boca de Porgy puso Gerswin
"Tengo tanto de nada y nada de tanto".
que tenía su canción, y al sol tenía,
tenía fe en su Dios y amor sentía.
Si todo eso tenía: ¿Que más quería?

Cualquiera que conozca al Greco
Te diría Don Pablo: en el, tú te inspiraste,
Sólo hay que ver los dedos de su Jesús
Que más que sostener la Cruz, la eleva al cielo.

Copia a la Acuarela del cuadro "El Guitarrista Ciego" de Picasso (1903) óleo de 122.4 x 82.6 cms., actualmente en el *Art Institute* de Chicago. Pintada por Susana Lezama (16.3 X 24 cms.) 2014.
Fotografía © AnFraMo.

Las manos de su San Francisco
son manos con sus dedos largos
Que no de carpintero, sino de de pianista lucen.
Vuelven a aparecer en Magdalena,

Para quien sepa ver Pablo Picasso
La guitarra en tu viejo no es desesperanza
de la que un mendigo se soporte.
Para quien sepa ver Pablo Picasso
La guitarra en tu viejo sube al cielo.

Sus dedos son los dedos de un pianista
A su guitarra debe haber triunfado
De las artritis que aquejan a los viejos
Tu viejo guitarrista no es un viejo
Tu viejo guitarrista aun siente la poesía.

Le agregaste el azul a tu paleta
Y al pincel de ese azul, que a los azules
agrega nuevo tono de color ocaso.
Que es un azul triste, pero tiene orgullo
Ese orgullo español que sienten los quijotes.

Si lo ves con cuidado es Don Quijote
Que sin querer quitar merito a Cervantes
Si Don Miguel lo hubiera conocido
del guitarrista viejo, así hubiera pensado.

Desde Chicago muestra su hidalguía
Y una españolidad castiza y pura.

Si buscas en su cara, parece que mira para adentro
Gozando lo pasado, como miran los viejos
Son ojos que miran, sin mirar al frente
Trayendo del pretérito, nuevo presente.
Siente la música de tiempos pasados,
Y regocijo encuentra en sus recuerdos.

Tu viejo es guitarrista que aún de viejo
Nunca perdió el amor a la poesía.
Tiene toda la riqueza del Quijote de Gerwin
Ese mendigo soñador y cojo de su Porgy
Y la frase *"Señor estuve en mi camino"*

Mi sangre de Otomí me permitió sentirlo
mi sangre de Español que trajo la conquista
me hizo ver al Quijote que tenía
El Abuelo Otomí que el Castia bien hablaba
Un día me dijo:
"Hijo y aprende a observar
Por que al que sabe ver:
Los árboles le hablan hijo mío!"

Esos los dedos del Greco

Cualquiera que se fije en tus pinturas Domenico:
Podrá preciar en tus juegos de luces, transparencias
De sombras y reflejos, de nubes, destellos y colores
Que creaste un Nuevo Mundo, del sentir del mundo.

Tus imágenes mostraron esos tus personajes
divinos o simples mortales, con alud de fuerza
con la imaginación de colorear lo sobrenatural,
con pasión, con ternura, con devoción de niño.

Como solo los grandes como tú lo hacen púsiste tu firma en todos sus detalles.

Tu forma religiosa o pagana, fue revolucionaria
En tiempo que no aguantaba las revoluciones
amalgamaste la tradición de la pintura griega,
del Color Veneciano, el Diseño Romano de Tiziano
y hasta el neoplatonismo que tuvo Miquel Ángel.

La religiosa España de de esos siglos, te acogió
El apodo del "Griego Toledano", no denotó
Simplemente lugar donde naciste
Pusiste en tu pintura ese ser de los griegos
Ése neoplatónico amor por la Filosofía.

Te adelantaste y con más de un siglo
con la libertad expresiva en tu pintura
No podría yo decir, si tú fuiste el primero.
O uno de los fundadores, pero lo fuiste
de la notable Escuela Pictórica Española.

Pero volviendo al tema Domenico
Hoy solo me propuse rimar sobre tus manos
Rimar sobre los dedos de tus cuadros
Que todo pueden ser, menos humanos[12].

Los dedos de tus manos me recuerdan
la mano izquierda del David de Miguel Ángel[13]
Que si los ves de cerca parecen deformes
Pero a buena distancia parece que se mueven.

No se, si lo que nos dejaste en ellos fue
autorretrato de tu pulso y tu destreza
o fue tu firma o mensaje encriptado.

Tus dedos los sintió Pablo Picasso, estoy seguro
Ellos tocan lo inmaterial, no son humanos
Iluminan lo oscuro, dan otro vibre a tus colores
No se como tú, te inspiraste ellos
Son nova gama de novos arcos-iris.

Sólo me queda hacerte una pregunta:
Si: ¿utilizaste tus pinceles para pintar tus dedos?
¿O si un ángel tus dedos pintó, con tus pinceles?

Zerfreit "alias el griego" 16 de mayo del 2014

---

[12] Algunos de sus biógrafos dicen que eran problemas con su vista. Otros lo niegan.

[13] Refiérese el autor a la escultura del David que está en Florencia.

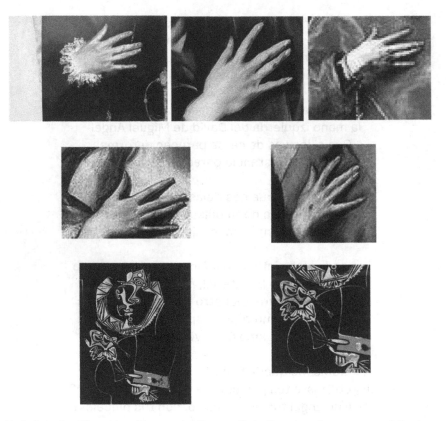

Detalles de diferentes Manos del Greco. Caballero con la mano en el Pecho., Cristo con la Cruz., Penitencia de La Magdalena, y Sn. Francisco. Con sus dedos largos con la peculiar separación del índice ccn el segundo dedo y del tercero con el meñique al que pintó extremádamente largo y con la uña mas larga que las demás, posiblemente por que la usaba como espátula y al leer para tomar cuidadosamente la pagina del libro en vez de tomarla con el pulgar.

"La huida" de Remedios Varo

Copia a la Acuarela del cuadro "La Huida" de Remedios Varo pintada por Susana Lezama, (32 X 24 cms.) 2014.
Fotografía © AnFraMo.

La Huída de Remedios Varo

Que ¿qué es la muerte?
No lo podrá nadie en vida saber
Solo disquisiciones o asunto de la fe
Prohibido esta el pensar, no lleva a nada
Sócrates ya en su testamento lo decía
Allá, del más allá o no encuentras nada
O ese allá del allá, te tiene conocidos.

Piensa que la muerte también es poesía
Poesía carente de emoción, de lágrima, de amor
Que no tiene ansias de querer llegar
Pero: ¡allá vamos!

Y mas valiera verla así
Es la poesía que supo vislumbrar Remedios Varo

Si la ves en su **Huída:** una pareja
en una balsa, nave o que se yo...
Lo que les da sustento, parece una sombrilla
se remonta entre las nubes
aunque solo ven en la lontananza un hueco
de alguna caverna, que no sabemos
si será como la de Platón, o está vacía.

En su huida de la vida, van buscando vida
sin tener para nada la menor idea
de que cosa hallarán en ahí en la cueva.

La Despedida de Remedios Varo

Ora que si la muerte ves en otro de sus cuadros
Ese que ella llamó **La Despedida**
Ves que la vida separa a una pareja
Que tomó diferentes caminos en la vida

Y así se van,
no se si tiempo hubieron para despedirse
Con amor, desamor o lo que les quedaba
Lo que si es cierto

Es que sus sombras no se despidieron
Y sus sombras yacen ahí dándose un beso

Esos dos cuadros de Remedios Varo
Me harán pensar en ti, la vida es como esa huida
De la que no sabemos, ni de que estamos huyendo,
Ni sabemos que nos depara el futuro,
Ni que cosa se encuentra en la caverna

Pero hacia allá siempre nos dirigimos
Como si tuviéramos prisa de alcanzarla
Mejor veamos que por dura que sea la despedida
Nuestras sombras quedaran dándose un beso.

Copia a la Acuarela del cuadro "La Despedida" de Remedios Varo pintado por
Susana Lezama (32X 24cms.), 2014.
Fotografía © AnFraMo.

Orlando Silva Pulgar y su Pintura

Difícil es rimar por ti, o para ti,
o criticarte Orlando Silva.
Hiciste llegar la furia en tu pintura,
De ese sentir andino con sed de la justicia.

Tus murales tienen la fuerza y el reclamo
De la protesta tardía de Rivera,
de Orozco, de Siqueiros, y otros muchos
por la justicia, por la Historia mancillada.

En ese tu mensaje al que llamaste Síntesis
De tu mural allá en el Instituto[14].
Dejaste tal renuevo de mensajes,
Que siguen madurando con los años.

Si la Protesta de los muralistas mexicanos
parece que habla a gritos sus reclamos
Tu protesta sin carecer de fuerza,
Hace reflexionar y deja cavilando.

Con ese tu silencio que nunca llegó a grito
Vamos ni trató de exhibirse, ni se expuso
Tu muralismo fue retórico discurso.
Metáfora social a meditarse en cada cuadro.

No hace falta saber mucho del arte
Del muralismo que México la diera al mundo
Para ver que tú también formaste parte

---

[14] Se refiere el autor al Instituto Científico y Literario Autónomo del Estado de México en la Ciudad de Toluca que acogiera a Orlando Silva Pulgar en los años cincuentas hoy convertido en la Universidad Autónoma del Estado de México. En donde pintó dos murales. El primero al que llamó Síntesis situado en el entrada del Aula Magna, y el segundo en la Preparatoria Adolfo López Mateos de la misma Universidad.

De un mundo de mensajes. del Nuevo al Viejo Mundo

Pero hubo algo en tu obra diferente,
Algo que fue más allá del muralismo
Tuviste una ternura con alma de de niño.
Pintaste además dos tipos de parejas.

Las parejas de niños con su madre
Madonas que tenían tanta ternura,
Madonas que tenían tanto de madre
Que ni siquiera ropa requerían.

Esa pinacoteca tuya, no es reclamo
Tu galería tampoco mira para afuera
Expone lo más puro y tierno de la vida
El amor de la vida y con la vida.

Estuviste en tu tiempo, y no estuviste
En tu reclamo tampoco olvidaste a la pareja
Tus carboneros, tus leñadores, o tus pescadores
Que habrá que abrir la mente para verlo
Que siempre los pintaste sin zapatos.

A diferencia de Kandinsky no dejaste la forma
La deformaste sin llegar hasta el cubismo
Con elipses, círculos, Cintas de Moebius
agregaste y quitaste dimensiones.

Tu paleta rimo sin los azules de Picasso
Con los rojos, magentas y amarillos
convertiste en soles las esferas
Y sin embargo pasaste de lado el muralismo
Para dejar en tus cuadros encriptados mensajes.

Niña con la Margarita

En esa niña que pintaste Orlando Silva
Esa, que sujetar parece, la flor entre sus manos
Esa flor que parece Margarita. Es más que eso.
Es un sueño infantil, que goza una metamorfosis

Si miras con cuidado, no sujeta la flor
Tan solo con sus manos, no sólo la detiene
Esa flor siente la caricia del sol, e irse quiere
Tan lejos, cual papalote, al que no se le acaba el hilo.

Esa niña sujeta la flor, con sus sueños de niña
De niña que también quiere conocer el cielo
De niña que sueña en su metamorfosis.

Metamorfosis de flor, que convertirse en papalotl, ¡ansia!
Que enseñar a volar sus pétalos quisiera
Margarita que es flor pistilo y cáliz
Gametos que lo prometen: ¡darán vida!

Margarita que al sentir el sol. sueña ser mariposa
Papalote que alce sus vuelos sin recodo
En su esplendor de flor, la Margarita
Vuela como los sueños de la niña.

En tu pintura Orlando nos dejaste:
Dos sueños de metamorfosis:
Niña con flor que soñó ser mariposa
O *Papalotl*[15] que se soñó, niña con una margarita.

---

[15] La palabra *Papalotl* es la palabra náhuatl que significa mariposa. Que ha llegado a nuestro español actual como papalote.

Cuadro "Niña con una Margarita" del pintor Chileno-Mexicano Orlando Silva Pulgar, Acrílico sobre madera (100 x 75 cms.) 1971. Propiedad de colección privada.
Fotografía © AnFraMo.

Mujeres descalzas

Descalzas la mama, como la niña
De su pobreza nos quieres presumir
Esa rica-pobreza Orlando, ¡la viviste!
La viniste a vivir aquí en mi pueblo

Un pueblo sin zapatos, más lleno de sueños.
Si miras a la madre, verás que tiene el rostro satisfecho
Con la satisfacción del ése, su deber cumplido
Tiene su hija no solo entre sus brazos
La rodea con su cuerpo, como antes de que la pariera

En el color del sol, cupieron los azules
Los amarillos, rosas y naranjas
Que ese sol no solamente es astro
Es sueño, es realidad, es arco-iris

Supiste con colores dejarnos tus discursos
tuvieron que tener: todo de nada
y solo así lograron ser.
Que el ser solo lo obtienes
Teniéndolo que haber: ¡perdido el tiene!

Crítica a Orlando

Si ahora me permites criticar tu cuadro
Con esa crítica del que solo ignora
Pero le pone sentir al ver tu obra

Permíteme decir que tu, en tus cuadros
Algo tuviste de Diego
No se de muralistas de tu pueblo
A mi ignorancia solo la mantiene la emoción de amigo

Pero fuiste más lejos que Siqueiros
En tus cuadros como allá en tus murales
Ya tienen surrealismo de Kandinsky

Los vórtices de sol, del carbonero;
Los colores del sol que alocó a la Margarita
Los cielos que aspiran a arco-iris

No olvidaste la crítica social en la pintura
Tal vez carezcan del reclamo social, que hace Siqueiros
Pero te enseñan que también la vida en su pobreza
Tiene un dulzor que es más que una riqueza.

Dulzor de sol, de sueño, de luz de luna y de armonía....

Abrazo de Carboneros

A Orlando Silva

El carbonero descalzo
lleno de sudor, cansado
justo al oponerse el Sol
que llevárselos quisiera.

En ese bosque sin hojas
de árboles, que se retuercen
como tal su circunstancia
con ese amor, él, la abraza.

Y a ellos, los abrasa el Sol

En su carencia de tanto
En su pobreza, él es rico
Y con su amor el, la abraza

Y a ellos los abraza, el Sol

Tienen tanto de la nada
y nada de tanto, es tanto
que no requieren de nada

¡A ellos los abraza el Sol!

Cuadro "Abrazo de Carboneros" del pintor Chileno-Mexicano Orlando Silva Pulgar, Acrílico sobre madera (117 x 85cms.) 1961. Propiedad de colección privada.
Fotografía © AnFraMo.

Envidia del Sol

En ese tu abrazo de los carboneros
Que tu como tal, así lo bautizaste
No es un abrazo, su unión es más que eso
Ellos son dos, el Sol quiere abrazarlos.

Ese sol que pintaste no es planeta
Ese sol que pintaste, siente lo que ilumina
Es un Efebo que se desespera,
Él quiere formar parte de ese amor.

De su carbón metáfora de amor presiente
El padre Tonatiuh[16] ese calor de amor aspira
No le es ajeno su sentir, él lo presiente.

Ese Sol envidioso se tornó torbellino
No le bastaba su calor, quería abrasarlos
Y la envidia del Sol se reflejó en tu cuadro.

---

[16]   Dios del Sol en la Mitología Azteca.

Cuadro "Pareja ante el Universo" del pintor Chileno-Mexicano Orlando Silva Pulgar, Acrílico sobre madera (104 x 55cms.) 1961. Propiedad de colección privada.
Fotografía © AnFraMo.

Pareja ante el Universo

Esa tu concepción del Universo, Orlando
De una pareja con su amor llenos de nada
Pequeños ante todo un Cosmos de vacío
Con sólo su austera circunstancia a la redonda.

Si miras la pareja, esta desnuda
Si miras su camino es muy estrecho
Si equivocan el paso, caerían hacia los lados.
Y si te fijas bien, su entorno está vacío.

Entre lo estrecho de su sino, levantan los brazos
Acaban de estrenar casa fuera del Paraíso
Sus brazos levantados no piden clemencia
Más parece que danzan con melodía celeste.

De su danza y sus brazos, hacen brotar un mundo
Pequeño y pobre claro esta, pero nació de ellos
Esa pareja, hace pensar en Pitágoras de Samos,
que era capaz de oír la música de las estrellas.

La virtud, y el amor, según Pitágoras decía
nace de la armonía interior del individuo,
que eleva su mirada al Universo.
La pareja del cuadro está llena de todo eso.

Y, puesto que la virtud es armonía,
es música, y por qué no, ¡la virtud es poesía!
Con métrica o sin ella, será la vía indicada
para elevar el alma al Universo.

Esa pareja proyecta aún desnuda
su pequeño universo **al Universo.**

Mirada de Mujer

Que ¿cuándo yo ví un rostro de mujer? por vez primera
Obvio, fue el de mi madre, ¡muy bonita!
Que aprendí a ver otros rostros de mujeres. Por supuesto
Sin saber ver un rostro de mujer. Vivir no serviría
Sin saber ver un rostro de mujer amada.
Insulsa Sería triste la vida.
pa´que vivir la vida

No se cuando sentí una de esas. Tus miradas
Sientes... no se que pasa. Se te detiene el tiempo.
Esa mirada te dejó sin habla. Sin respiro
Esa contemplación te sacudió. De fuera a adentro

Cualquiera te dirá: Es sólo la hormona
La trampa, esa que te otorgó. Mama Natura
Para lograr tu especie. Dominara al mundo

Quien eso piense, claro podrás estar. Que se equivoca.
Quien eso piense, no sabe ver. A una mujer de frente.

Quien sabe ver un rostro de mujer, Es diferente
Él no requiere de tocarla. Su mirada siente

"Retrato de Mujer" del pintor Chileno-Mexicano Orlando Silva Pulgar, Gis sobre cartulina (70 x 50 cms.) 1971. Propiedad de colección privada. Fotografía © AnFraMo.

Retrato de Mujer Desconocida

¿A quien tú retrataste? Orlando Silva
De quien captaste tan fuerte, esa mirada
De quien te impresionaron las pupilas.
¿Quién fulminó tu paz, con su mirada?

Como Pablo Picasso en el Guernika
no requeriste en tu paleta los colores.
A diferencia de él, que usó tonos de grices
Te bastó el blanco de gís, para plasmar su cara.

Para poner todo el sentir de esa mirada
Si la ves con cuidado tiene genes de india
Lo grueso de sus labios, la forma de nariz

La ceja levantada, casi te habla
Es ceja dominante. De esas que
con un guiño te manejan.

No es européa. Tú supiste sentir
En todas tus madonas y parejas
el mirar de la india mexicana[17]

Ese retrato de mujer desconocida
Te llevaste a la tumba tu secreto

---

[17] Que todas las mujeres que pintaste
Fueron morenas con pómulos salientes
Indias como tu y como yo
El único rostro rubio que pintaste
El de Marie Curie en tu Mural
Al que llamaste Síntesis

Bodegón con Molcajete

No se que querías probar,
O que es lo que habías probado
Que tú eras más mexicano
Que muchos de los de acá.

Solo te digo chileno,
que ya lo habías superado
Llegaste con los de abajo
tu nunca nos fuiste extraño.

Supiste entender ver a mi pueblo
Supiste de sus sabores
Sufriste sus sinsabores
Los sentiste como yo.

Pero ya entrando en materia
Solo quiero a tu memoria
presentar tu bodegón.

Mira que como poeta
fue para mi todo in reto
De que motivo me agarro
Como hacer con esto un pie.

Que poner un molcajete
En medio de un bodegón
Cuatro botellas vacías
Y el cuenco de las tortillas.
Sin siquiera servilleta
Y como de colofón
Solo una jarra de barro
De barro verde vidriado
De ese de allá, por el Sur.

No se si es un bodegón
O el rincón de la cocina

"Bodegón con Molcajete". Pastel de Gis sobre Ingres (71 x 64 cms.) del pintor Chileno-Mexicano Orlando Silva Pulgar. Propiedad de colección privada. Fotografía © AnFraMo.

Mesa donde se brindo
No se ve mucha comida

El cajete sin orejas
Obvio, no es una cazuela
Si es de barro o de madera
Lo importante es que ahí está
Está para las tortillas
No lo podías ignorar

Las dos botellas de sidra
el *champangne* del mexicano
El de todos los festejos
Me refiero al clase media
La que pasa los apuros

Esa jara verde vidrio
Vidrio vidriado del Sur
tiene sabor a Zacualpan[18]
seguro es de Sultepec.

---

[18] Población minera del Sur del Estado de México, en el Municipio de Sultepec Caracterizada sus antiguas haciendas de beneficio. Como todas las poblaciones de este tipo en México desarrolló una cultura especial caracterizada por la calidez humana de sus habitantes, y su refinada cultura. Aunque en su caso por ser un sito apartado en el primer cuarto del Siglo XX, ya que se encontraba a dos días a caballo de la Ciudad de Toluca -capital del Estado de México, de la que la separaba la Barranca de Manila y a un día de la platera Ciudad de Taxco en el Estado de Guerrero. Sus habitantes estuvieron directamente relacionados con los descendientes del último Emperador de los Aztecas Cuauhtémoc por haber sido este nacido de padre Azteca y madre chontal -razón por la que sus restos se guardan en Izcateopan. Desarrolló un importante grado de autonomía tanto agrícola como en los artes culinarias. Uno de estas artes -que por supuesto compartió con otras poblaciones del Sur del Estado de México- fue la del Mezcal Minero del que una refinación especial permite obtener el llamado Mezcal de Pechuga.

Las botellas acostadas
Son botellas de mezcal
Saben al Sur de mi estado
A ese el mezcal de pechuga[19]
Ese mezcal del minero
Que sólo lo hay por allá.

que en mesa del minero
del minero de Zacualpan
de todo puede faltar
menos ese buen mezcal.

---

[19] El Mezcal Minero, resulta de dos destilaciones. En la primera se obtiene un aguardiente al que se denomina "shishe" o "común"; que ha de ser redestilado a fin de obtener tres tipos de alcoholes diferentes en función a los grados de alcohol que contengan se conocen como: punta, cola e *"inguishe"* o residuos. De estos tres líquidos, ninguno de ellos es considerado Mezcal, pues el Mezcal minero se obtiene de la mezcla de la punta y la cola (en proporción 90% -10%). Convertir el Mezcal Minero -que ya de por si es un deleite- en Mezcal de Pechuga es un lujo, incosteable –y una artesanía culinaria de excelencia-- por lo que suelen prepararlo solo tres veces al año en Navidad, en Semana Santa y en la Fiesta de los Fieles Difuntos.
El Mezcal Minero se somete a una tercera destilación, en la cual se le agrega azúcar, piña, cáscara de naranja criolla, plátano de castilla, manzana criolla, canela, anís, pasas, almendras, arroz, chabacanos, cáscara de naranja y una pechuga de gallina criolla que de preferencia deberá estar poniendo, la que se suspenderá colgada de unas pequeñas cuerdas en el interior de la olla de barro. Al alcanzar el punto de ebullición y aparecer las primeras gotas de alcohol, se separan nuevamente tres tipos de alcoholes (punta, cola e *inguishe*). Por lo que podemos ver que este arte precolombino culinario antecedió y en varios siglos a las modernas destilaciones fraccionadas. Y finalmente, al igual que en el mezcal minero, sólo se toman para el mezcal de pechuga una mezcla de la punta y la cola de esa tercera destilación (en la proporción 90%-10%).Esta elaboración del mezcal de pechuga ha sido considerado no solo un arte, sino un verdadero un ritual en el que el artesano palenquero a cargo de elaborarlo –lo cual debe ser hecho de noche- recibe como cena el caldo de la gallina sacrificada.

Menos un buen molcajete
es objeto de familia
las familias los heredan

Mis respetos Don Orlando
No hay mejor definición
Solo a ti se te ocurrió
Caracterizar mi mesa.

Soneto al *Molcajete*

Eres de la cocina mexicana
La estrella del sabor de los guisados
Símbolo del buen comer del mexicano
Que de gula es maestro, y hasta esclavo.

Eres nido de amor donde fecundan
Los chiles, los tomates y los ajos
Y por supuesto su majestad: ¡El *aguacate*!
Que aderezado se convierte en *guacamole*.

Sacas de todos ellos sus esencias
Alambicas espectros de sabores
derrochas el sazón de su ricura.

Eres hermano del comal de barro
Vecino del ***tlecuil***, y de los jarros
tu mano el *tejolote*, contigo muy bien sabe
hacer milagros del arte culinario.

Salsa Molcajeteada[20]

Receta de cocina

Si yo, te llego de invitado vida mía
Pon a tono el *tlecuil*[21], que arda la braza
Enciéndete un *ocote* *y con su llama*
al rojo vivo del *carbón de encino*

Pon el *comal de barro*, prepara el *molcajete*[22]
Lava con escobeta el *tejolote*[23]
Y escucha en el crujir de la *escobeta*

La algarabía de los sonidos que presagian
La sinfonía de los sabores mexicanos

Cuando la llamarada tenga tu comal al punto
y las inquietas lengüetas de fulgor
Escapar por las orillas del comal, intenten
Arroja con tu mano un poco de agua
Como rocías la ropa cuando planchas

Si el comal chilla, ya puedes empezar a echar tortillas

---

[20]   Dícese de cualquier salsa hecha en *molcajete*. Tal vez la mas conocida es el *guacamole* que lleva entre sus ingredientes aguacate

[21]   Hornilla para utilizarse con carbón o leña.

[22]   De las palabras compuestas provenientes del náhuatl: *molli-caxtli* y *temol-caxtli,* las segundas palabras utilizadas para denotar dos tipos diferentes o escudillas de piedra. Definen el cajete cuyo uso es de mortero preparador de alimentos a mano, y la primera de las palabras en ambos casos denota un tipo especial de salsas moles y tlemoles (un mole mas caldoso, casi a manera de cocido). Por lo que podría traducirse como (lo cual es su definición) *cajete de piedra para el mole.*

[23]   La palabra *tejolote,* o sea la mano del mortero que es el *molcajete* proviene de las voces nahuatlacas *tetl,* que significa piedra, y *xólotl,* que significa muñeco. También es conocido con el nombre de *Temachin* o de muchacho.

Lava y escurre los verdes tomates y enjuaga los chiles,
Ponlo justo en la orillita del comal; ¡que no se queme!

Mientras los chiles y tomates al comal ya se aderezan
Pica en trocitos un ajo y la cebolla, al gusto
Ponle unas hojitas de cilantro y todo junto,
Pícalo en tu *tablita de madera*.

Cuando los chiles y los tomates veas ya *tatemados*
Que hayan cambiado de color, del verde fresco, verde campo
Por el verde negruzco color sabroso del asado.
¡Ya le sacaste la emoción ¡a tu guisado!

Es la hora de su majestad el *molcajete*

Acompañado de su *xólotl* de *tetl* el *tejolote*
Su muñeco de piedra que cual Patiño de payaso
Le suele ser inseparable en tu cocina.

Pon un puño de sal de mar, también al gusto
Y agrégale después los ajos, la cebolla, es lo que sigue
de entrar al triturar del molcajete
Y empieza a machacarlos. No importa con que mano.
Lo importante es pensar algo bonito.

Que nunca de quedarte habrá un buen guacamole
Si no sientes una canción cuando lo haces

Agrega los tomates, los chiles y el cilantro
Haz de ellos una masa, ve poco a poquito
Iguala sus durezas, pon un poco de agua
Siente como prolonga tu mano el tejolote

Como bailando en vueltas a izquierdas y derechas
el tejolote baílalo sin cesar, si puedes canta,

Y agrega el aguacate, igual al gusto
No olvides poner un poco de zumo de limón
Hace que tu guacamole no se oxide
Se te ponga prieto lo mantiene sabroso.

Usa cucharas de madera para así servirlo
Evita modernismos y metales.
Cuando tu mano y el tecolote ya te digan
Que tu mortero la química casera del sabor ha conseguido

Toma una muestra con solo lo poco
lo que alcance a tomar el tejolote
Ponlo en la palma de tu mano y ya podrás probarlo
Corrige si algo te faltó sal o picante

Si lo lograste Ahh que ricura
Esta salsa de molcajete es realmente,
un manjar, un maná para los dioses.

Pon en el centro de tu mesa el molcajete.
Dejale el hueso del aguacate, no solo lo decora
Igual hará que no se oxide

Si tu guisas así nunca podrás estar segura
Que no podrás nunca saber, por que te quise.

Poesía en mi Pueblo Otomí

Si es narración o lirismo
a quien le importa hoy en día.
Quien fue quien te lo inspiro
O de que pie te pescaste.

Eso es lo que es importante.

Si vas a cualquier cantina
Cuídate de los albures
Mira que les ponen rima
Sabor, picor y harta enjundia.

Para los dobles mensajes
Les ponen métrica y rima
rima sabor a chumiate
poesía sabor a tequila

Si fue por un molcajete
Pulque, mezcal o tlachique
O jugo de xoconoxtle.

Es el sabor de tu rima
Poesía del pueblo Otomí

La poesía es un sentimiento
que se debe utilizar.
Y ese es el arte señores
que ya tenía el mexicano
antes de venir Cortez.

La poesía es para sentirla
es parto del sentimiento
es lágrima que no aflora
es lo que faltó decir.

Que la rima aquí en mi pueblo
es mensaje y es albur.
Es decir un par de cosas
diferentes a la vez.

Es para que tú la entiendas,
aunque la leas al revés.
Que al lenguaje puedes tú
ponerle música y lira.

Ella no sabe de idiomas,
ya la hacía Netzahualcoyotl.
No es europea la poesía
ni pa´ entenderla tenemos
que aprender culteranismo.

Que nuestra propia cultura
se prende en nuestra poesía
que si es vulgar no lo niego
que la voz vulgo no insulta.
Dice que le llega al pueblo.

Que al fin y al cabo señores:
Sin pecar de irreverente:

¡El Pueblo es la voz de Dios!
¡La voz del Dios de mi Pueblo!

Soltemos la Carga

A Susana Lezama

En Soltemos la Carga hay un mensaje
No es de resignación, ni le hace falta amor
Vamos, ni es rebeldía sutil y alborotada.
Es justicia de género y de clase.

Mira que la carga de tu leñadora ¡pesa!
Es un reto a la sociedad, se nos impone.

Esa carga social **¡hay que soltarla!**
Sugiere un cambio ya en nuestra cultura.

Tu **¡soltemos la carga!** me recuerda,
a SorJuana, a Rosario Castellanos
mira que tiene admiraciones sin tenerlas
invita, incita a hombres y mujeres.

Tu Acuarela.. **¡es reclamo, que llega!**
¡Hay que sentirlo!
Va contra el machismo, lo descara
contra ese: ¡macho del burro mexicano!
Que a ella dejó allá atrás, cargando leña
(Sin referirme al asno, te lo digo
a fin de no ofender al asno. por supuesto).

No se si nos llegó de Oriente, o ahí ya estaba
Si estaba ya, en nuestra Natura Humana
O sólo es parte de nuestro animalismo.

Si la abono la misma mujer. estrategia de juego
De juego de poder, de control, de acomodo,
de sujeción, de fuerza aprovechada.

"SOLTEMOS LA CARGA: Acuarela de Susana Lezama de 105 x 75 cm., ganadora del primer lugar en la categoría de figura humana en el Certamen COLOR, AGUA Y PAPEL de *Sun Chemical* en 1998. Obtuvo el premio "Maestro Edgardo Coghlan" a la mejor obra del Certamen, elegida por los propios artistas ganadores.
Fotografía © Susana Lezama.

Que a la mujer había que subyugar.
Pa´ dominarla había que hacerla buena
Esclava del metate y del petate.

No entendieron que la mujer cuando trabaja
no trabaja, pare con bíblica sentencia su trabajo
con el amor, con el dolor y el sudor del parto.
que solo el dar. a luz logra hacer esto.

Por eso defiende su trabajo como leona
Su trabajo es parido, por eso es diferente
Solo aquel que ha logrado trabajar con ellas.
Sabe de su sabor en el trabajo. que ellas manejan
Manejan mucho más que los petates y metates.

Si no fuera por ti. éste libro no valdría un cacahuate
Pretende ser libro con pinturas sin sexo y sin machismo.
Pinturas de pintores y pintoras mexicanas-

Como Picasso tu pintura es reclamo social
Es inconformidad contra la sociedad, y la cultura,
contra la política y hasta contra las religiones.

Igual que la pintura de Picasso, antoja la pregunta:

¿Será que nuestra sociedad está condenada ser asi?
O habrá un día que ya no celebremos
el día de la mujer. Ni haya Instituto tal,
¡Será el día que ya seamos iguales!.

Cuca y sus Nopales[24]

Alegre con sus nopales va
la quelitera al tianguis del domingo.
Si vende sus nopales, muy bien lo sabe
huarache pa´ su escuincle, va a mercar.

Cantando, jala su mecapal[25]
Llevando por la espalda el chiquihuite
En bolsa de ixtle, lleva su itacate[26]
Y así le dice adiós a su jacal.

Llegando... ya limpia su huacal
Lo limpia bien, le pone un cacho de petate.
Su guajolota[27] de tamal almuerza con su atole
Ya lista pa´ su venta del nopal.

Nopales... marchante merquelos
Mire que necesito persinarme[28]
Si mercas mis nopales, y mis jumiles[29]
El taco de mi pueblo, vas a probar.

¡Nopales!...se oye su pregonar
Se oye el cantar. de Cuca allá en el tianguis.
La venta no funciona como otros días.
Ni modo, en fin, habrá que continuar.

---

[24] Cualquier similitud con la métrica del "Lamento Borincano" de Rafael Hernández no es casual, de hecho esta composición -más rítmica que rímica- puede cantarse con dicha música.

[25] Cinturón -de uso prehispánico- de dos asas, una de ellas para llevar la carga utilizando la frente, y la otro cinturón para fijar la carga al cuerpo humano.

[26] Porción de alimentos que se lleva al trabajo para comerla en un corto descanso.

[27] Nombre actual que se le da a una torta hecha con pan de tipo español o bolillo con un tamal.

[28] Expresión utilizada por los vendedores como la primera de las ventas del día, se acostumbra hacer la señal de la cruz con las primeras monedas cobradas y persignarse.

[29] Insecto comestible de los Estados de México Guerrero y Michoacán.

"Doña Cuca y sus Nopales" Acuarela de Susana Lezama de 58 X 68 cms., utilizada en la contraportada de Reader's Digest Selecciones en Noviembre de 1995. Obra representativa de la Exposición Individual llevada a cabo en el Gran Hotel de la Cd. de México, en la misma fecha, simultánea a la publicación, y vendida con gran éxito a un Empresario y coleccionista de Alberta, Canadá. Fotografía © Susana Lezama.

Vendió la Carga

La Petra... igual que ella llegó,
con su ilusión, al tianguis del domingo
Si su suerte esta vez, la acompañaba
su tambache de leña, ...iba a truquear.

Su carga,.. traiba para mercar
Y mira que esta si es,, como el cilindro[30]
Para poder con esta si es requisito
Hay que saber usar el mecapal.

Mira que no cualquiera ya, ...arrejunta leña
Mira que ese tercio[31] de leña,... ese si pesa
El alma de tameme hay que tener.

La Petra.. su mecapal guardó,..ya había cambiado
sus Huaraches por chanclas *Made in China*[32].
Se fue a almorzar, ... con Cuca sus memelas.

Comadre, ...no te preocupes ya,
mira que yo, te cambalacho tus nopales
Queso de puerco traigo en su tompiate
Te doy de mi tequesquite y nixtamal.

Ya juntas, se consolaron ya,..y así sacaron las botellas
Por todo se brindo con mezcal y chumiate
Y así se terminó el tianguis del domingo
Ellas brindaron un titipuchal ...

---

[30] Caja musical con manivela ...del que dice que *"cualquiera lo toca pero no cualquiera lo carga"*.

[31] Porción de leña que carga un humano.

[32] Mercancía conocida actualmente en México como **Chinadera**.

Ajuar del Otomitepetl

Dedicado a mi abuela Machila Cecilia Hernández de Quiroz
In Memoriam

Si tú me aceptas Machila
Te mercare tu kesquemel[33]
con tu enagua color grana
de por allá por Temoaya[34].
mesmamente para ti.
ansina lo usó mi Mama.

Rebozo pa´l chilpayate,
Un huacal para el escuicle
Petate pa´ nuestro nido.

Pa´ tu cocina un metate
pa´ tu mesa un molcajete
un chiquihuite y un jarro.
Pa´l pulque y para el tlachique.
Y un cuenco pa´las memelas

Cuando me acepten tus Tatas
Brindaremos con chumiate
de guayaba o tejocote
Del merito Xilotzingo.
De allá de Otzolotepec.

Si te parece la oferta
Que te hace tu tlachiquero
Cuando yo te chifle sales
Nos vemos allá en la milpa.

---

[33] Capa femenina otomí de forma triangular, que escasamente llega a la cintura, tejida de lana y pintada con colores naturales azul o rojo de la cochinilla. usualmente tiene un diseño a rayas alternadas con fondo blanco, aun se consiguen en el Municipio de Temoaya Edo. De México.

[34] Temoaya, Xilotzingo y Otzolotepec son poblados otomís del Estado de México.

Quetzal-Coa-Atl.

No sé si lo has oído, o te lo han dicho
Que un día por acá nos cayó un hombre sabio
Su nombre Quetzatcoatl dicen que significa
La serpiente emplumada, eso te dicen

La realidad... Es que eso no es mentira,
Que no es mentira, No. Pero es verdad a medias
No convenía, que bien tú lo supieras
La serpiente en la Biblia está prohibida.

Esos nuestros conquistadores bien sabían
Que las palabras acá, tenían más de un sentido
La palabra quetzal que bien puede denotar pluma
Es mucho más que eso, es ánima que vuela.

Es espíritu, es lo que aprehender quieres, sin poder tocarlo
El pájaro guatemalteco, con toda su belleza es más que eso.
Es como el Espíritu de Dios que llevas dentro.
Es todo un emblema de la Cultura Maya.

Ellos a Quetzalcoatl llamaron Kukulcán.
Al mismo que los Peruanos llamaron Viracocha.
Como dando a entender, que fue sólo un humano sabio.
Ellos sabían que Quetzatcoatl, era más que eso.

Ellos sabían que Quetzatcoatl era el Señor del Universo.
El coatl palabra doble, no sólo significa satánica serpiente
El Coatl es la tierra toda, el hardware que tu cuerpo toca.
Pero también puede descomponerse en dos palabras.

Cada una de ellas con su propia idea y significado.
Vocablo doble compuesto de dos palabras nahuatls _**atl**_ y _**cóa**_.
La palabra Cóa aún se utiliza en otomí, es la sencilla pala
Que usan los niños para hundir la semilla del maíz, bajo la tierra.
El _**Atl**_ es el agua, espíritu de vida, que todo lo sustenta y lo mantiene

Ahora entenderás, si éste mi razonar, está en lo cierto
La conjunción de esas palabras tierra y agua es más que masa.
La conjunción de esas palabras, es más que el barro de la tierra.
La conjunción de esas palabras significa Tierra Viva.
La palabra **_Coa-Atl_** también es algo así como **La Madre Tierra**.

Esa la del Mural de Tepantitla, de allá en Teotihuacan.
aunque hoy ya no sabemos ni siquiera el nombre que le dieron
Gaía de allá, de los Teotihuacanos tiempos.
Que varios Siglos mas tarde va a aparecer
En la Xochiquetzal de los aztecas.

Que todo puede ser menos monstruosa
Su sequito son flores pájaros, colores
Es líquida poesía formada por volutas de agua
Es Vida...A ella la adoran hasta las arañas.
Es Diosa e la vida que llego hasta los Navajos

Y si ahora a ese Coa con Atl le agregas el Quetzal,
Le agregas el Quetzal, el alma de la Tierra.

Si eso lo supo, o no lo supo Tales de Mileto
Tampoco yo lo se, su idea se le parece
En esta rima solo quise mencionarte
Que la palabra Quetzal-Coa-Atl en cierta forma
Denota mucho más que viperino emplumado reptil

Que sólo hace pensar en el pecado.
Quetzal-Coa-Atl es el Señor del Universo y de la Tierra.

Pintura lograda por la conversión algorítmica de un virus de computadora de los años 80s al que en la Universidad Autónoma Metropolitana-Azcapotzalco, en la Ciudad de México se le bautizó con el nombre de "Sto. Tomas-Quetzalcoatl". Covarrubias J. (2010) Justine y sus Amigas. Centro del Placer. Colección Polémica No. 3. Universidad Autónoma Metropolitana-Azcapotzalco. México. pp 26 y 61.
Fotografía © Javier Covarrubias.

Justine y sus Amigas[35]

Opera bufa en un teatro de Chilangolandia[36]

No levantó el telón de ningún modo
Algo, quien sabe que, se había atascado
Y a pesar de ser muchos los esfuerzos.
No lograban los operarios levantarlo.

El publico que la ocasión rebusca
De poder degustar algo muy bueno
Con chiflidos y aplausos, sacaba ya de quicio
Al empresario y a sus operarios

De buenas a primeras, se terminó el ruidero
La impaciencia del respetable, se resolvió en silencio
Que: ¿que rayos paso?, nadie lo sabe.
Se fue toda la luz y así, se hizo el silencio.....

Con todo a obscuras, empezó la obra:
y resultó la mar de entretenida
la charla casquivana de esas tipas
que los chiflidos se volvieron risa.
Curiosidad y ansia de seguir oyendo.

En torno de una mesa que sonaba a burdel
Y sin ambajes vamos sin discreción
Y sin pudor alguno, las voces femeninas
Sonaban cual cachondas y ninfas casquivanas.

El turno es de Justine, ¡que nos lo diga!
Como se contagió, tenemos que saberlo
Casi al unísono dos voces femeninas exclamaron.
Virginia y la ViaRubia que se llamaba Coba.

---

35   Dedicada a Javier Covarrubias de quien me prestó sus personajes.
36   Para los de fuera Chilangolandia es México Distrito Federal.

Todos me metían la mano, a mi no me molestaba
Unos no sabían meterla, pero todos lo intentaban
Me tocaban por enfrente Todos me querían tocar
Unos lo hacían de a dedito, otros con toda la mano

Y los había tan cochinos, que ni el cigarro soltaban
otros traían su café, mientras estaban conmigo.
Me llenaban de migajas, de babas y de galletas
Pero yo les cumplía a todos, Solo que de a uno por uno

A mi nadie me ha tocado las interrumpió Virginia
Me arreglaban muy bonita, toda muy bien aseadita
Quesque para que el pelón Sanilas pudiera venir a usarme
Solo que ese tal sujeto, de mi nunca se acordó

Y me dejaban prendida, caliente y alborotada
Toda ansiosa me quedaba, esperando una vez más
Me quedaba hablando sola, ni modo fue mi destino.
Ya al final me acostumbre. Ni modo así son las cosas.

Yo aprendí a manipularlos, mira que si son tarados
interrumpió la tal Coba, no sabían lo que querían
y no sabían ordenar, decían que tenían cerebro
pero no lo parecía, a mí no me daban tiempo.,

El que metió su chupón, me lo metió por atrás
Yo creo que ese traía el virus, que nos detectó ViaRubia.

Yo también sentí sus manos y ya estoy toda tocada,
tocada por todos lados, que no es negocio esta vida
si no te tocan completa. Que si tocas, toca bien.

Si te tocan colabora, No te andes con tocaditas.
¡Cuando toques toca bien! ¿Que si no, para que tocas?

Ya lo decía así Sor Juana: Que no es pecado tocar
ni es pecado ser tocada. Ni el que toca por la paga
ni el que paga por tocar. El pecado que te dejen
prendida y sin terminar. Aunque ya te hayan pagado.

Que el hecho de andar tentando, no deja hacer otra cosa.
Que caso tiene el sobar, Y que caso el ser manoseada.
Ya lo dijo el profesor:
Que no es lo mismo el gerundio, Que el participio pasivo.
No es lo mismo estar tocando, Que recibir la es-tocada.

Y tremenda decepción, que se llevó el repetable
Cuando levanto el telón, y no había fémina alguna
Eran tres computadoras que se quedaron prendidas
Dos de ellas se contagiaron de ese virus que tenían.

Le cambiaron el programa y le pusieron color
Y esa es la historia de los virus de Justine
Antes de venir mahquafi a ofrecerles curación.

El buenazo de Javier, también estaba en el ajo
Les metió la inteligencia, esa que anda muy escasa
Esa, la que el mundo clama y aunque fuera artificial
Con una ecuación fractal, dejó al virus disecado.

No requirió resonancia de esa que usaba Kandinsky
Y aunque tú no me lo creas, lo que menos se esperaba
El creador de ese mensaje, que le quitaran su virus.
Y lo tomaran de musa, y hasta con un nombre azteca.

Ese fue hasta a exposiciones, la Compudiarte 89
Lo convirtieron en cuadro. Esos los de Cobarrubias
De la Casa Abierta al Tiempo.

Y esa es la historia señores de la figura 21.- Sto. Tomás-Quetzalcoatl.
Bricolage de un virus de computadora-Fotografía-Impresión en
cartulina, un tratamiento algorítmico y una conversión fractal,
molcajeteada con colores comprados en OfiSedhephot.

Nostalgia de Mar

Una nostalgia de mar, no se por qué tenía:
prisionera del mar, de playas y de dunas
con sed de agua salada, de
una añoranza de origen de la vida.

Toluca retenía no sólo mi niñez
mis sueños infantiles, mis amores
mi despertar al verso y al deseo
mi cabalgar al sol de sus montañas.

Yo sabía mar, que tu, me estabas esperando
igual que amor perdido, como siempre ocurre
que, quien vive en Ciudad Carmen, te aseguro

Da puerto a su nostalgia y a su añoro
la vocación de mar lo aprehende con sus olas.
Aquí en tus playas, hoy me encuentro

Prisionero del mar y de mi añoro.

"Azul Mar" Composición Bricolage de Antonio Quiroz (fotografía-pastel-cambio-numérico-y arreglo computacional). Propiedad colección privada. Fotografía © AnFraMo.

Beso en el Mar

Sabes: te besé en el mar
Dejé llegar una ola,
que se iba y regresaba,
que no se quería quedar.

Hice un hueco ahí en su espuma
le puse una caracola,
le monte mi pensamiento
y un beso así te mandé.

Ésa ola, me acarició
Mi mano sintió su huida
Yo no intente retenerla.

La ola, se llevó mi beso
Yo no vi, donde lo puso
Quedó, que lo guardaría
para cuando vengas tú.

Espero ¡te encuentre la ola!

"Remolino en el Mar" Composición Bricolage de Antonio Quiroz (fotografía-cambio-numérico-computacional). Colección privada.
Fotografía © AnFraMo.

La Voz del Mar de Campeche

Es un sonar de mar, que no cualquiera siente
Sonar de conchas que riman con las olas,
Turricélidos que llaman a la brisa,
bivalvos que buscan su mitad perdida.

Es una canción de peces y medusas
corretear de cangrejos en la playa
es huída de jaibas en la duna
y amor de mariposas, que las monarcas buscan

Son golfinas que buscan en la arena
ese sabor de cuna de sus nidos,
ese adagio que escucha la tortuga.
y que la obliga a retornar un día.

Es la magia del *agua de coco*.
Es el lento correr del *mesh*[37] que casi extinto
con amor a los mares de Campeche
si algún día a ellos llegó, ahí permanece.
Es la musa del mar, que no es sirena
Penélope que borda con las olas
secundada con brisa de sabor salado
la sinfonía del mar, cuna de amores.

Es la poesía del mar que no cualquiera siente
Armonía que no se ve, ni siquiera es éter
Que muchos pasan por la vida sin saber que existe
Que no tiene sabor, ni olor, pero tiene cariño.
Que es lágrima de amor
Si lo quieres sentir ven a la playa
Oirás la voz de mar
Que junto a ti: ¡se siente!

---

[37] Mesh es el nombre en maya del cangrejo herradura (*Limulus poliphemus*).
Usado aún en Campeche.

Cuadro "La Pianista" del pintor Mexicano José Guadalupe Suárez. Óleo sobre tela
Fotografía © José Guadalupe Suárez.

Agua de Coco[38]

Si vienes a Ciudad del Carmen, ten cuidado
Esa ciudad de mares y piratas tiene riesgo
Tiene un cantar que es más que una sirena
Que el mismo Ulises no hubiera resistido.

Tienes algo que si! sienten las golfinas[39]
Y que obliga a volver hasta tus playas
A hacer nidos de espuma con ensueños
Y con lágrimas a amasar arena

Cuida de que no te den agua de coco
Del **nucífera** que aprende a echar raíces
Que el África dejó para llegar al Carmen

A tus playas llegue, ahí me embrujaron
Gracias te doy a ti Ciudad del Carmen
¡Que no a cualquiera das agua de coco!

---

[38] En Ciudad del Carmen existe la creencia de que si alguien lo quieren le dan Agua de un Coco recién sembrado, pero que ya ha dado raíces, regresa y se queda para siempre con ellos. o sea no es agua de coco normal es casi una planta embrionaria. Coincide esta creencia con el gran auge que tuvo en la Isla del Carmen el *Cocus nucifera* que procedente de África arraigó de tal manera en la Isla del Carmen que los que conocimos la Isla en los sesentas llamaba la atención la gran densidad de esta planta. Desafortunadamente una plaga de amarillamiento letal (un micoplasma) mató esa población y quedan actualmente pocos cocos nucifera, que ha sido restituido por plantas similares de malasia que son mucho menos altas.

[39] La tortuga marina que llora y mucho, cuando desova en la playa y que reconoce la playa décadas después de haber partido de ella.

Copia al pastel (gis sobre cartulina) de la pintura "Los Caballos de Neptuno" del Ilustrador de Cuentos Inglés Walter Crane. Pintado por Juan Pablo Quiroz Galán.
Fotografía © AnFraMo.

Furia EquinoMarina[40]

A Walter Crane

En la espuma del mar caballos divisaste
En tu imaginación, las orillas del mar no te cabían
En cada cuento que tu decoraste
Hiciste casi el texto innecesario

Tú sentiste en el mar unos caballos
Tú sentiste el galope de las olas como potros
Esa furia que buscas y que temes
La furia de sea equina o marina

Sentir al mar es como sentir a tu caballo
El mar embravecido es como un potro
Que vivir con el mar no es cosa vana
Que vivir con el mar es como disfrutar a tu caballo

Igual que el árabe vive con su caballo
Y sus yeguas duermen con el junto a su tienda
¡Él bien sabe que Ala oye su plegaria
Al lomo de su potro preferido!

40

Furia Marina

Enérgico quebrar de olas en la playa
Olas cargadas de espuma que asemejan
Blancos corceles de sedosas crines
Que el viento agita con furia, y con belleza

Neptuno orgulloso en ellos, cabalgar quisiera
Recorrer los eternos y profundos mares
Sintiendo la libertad del tiempo
Libertad que en su tropel enérgico ¡se siente!

Libertad del lento ir y venir que tiene el viento
Pensamiento, palabra y hasta oración, que sientes
Y a lomo de caballo, Dios Escucha
Y en ese momento te da la inspiración

Esa dulce caricia que sientes del mar
Esa caricia que con amor a tu caballo das
Esa caricia que muchas veces, te hace soñar
Caricia de olas, que vienen y van.

Moony, enero 5 2014

"Remolino Con Caballos en el Mar" Composición Bricolage de Antonio Quiroz
(fotografía-cambio-numérico-comput). Colección privada.
Fotografía © AnFraMo.

Printed in the United States
by Baker & Taylor Publisher Services